SaaS企業のための
『BDR戦略』入門

DORIRU株式会社 代表取締役社長
小林竜大 著

玄文社

はじめに

成長するSaaS企業にとって、BDR戦略は欠かせない

　あらゆる企業が成長を求め収益を拡大していく中で、新規顧客の開拓は最重要課題のひとつです。競合企業が増えれば解約によって既存顧客からの収益は減少するなど、新規開拓をしていかなければなりません。

　新規顧客の開拓には、プッシュ型とプル型の戦略があります。この本を手に取られている成長中のSaaS企業では、プル型施策にはすでに着手されているのではないでしょうか。

　ただ、プル型のインバウンドマーケティングで流入する顧客は顕在層であるため、獲得できる顧客層の限界があります。したがって、自社が求めているターゲット企業に対して、能動的なアクションを行っていく必要があります。

　また、比較サイトやリスティング、SNS広告、交通広告、テレビ広告など、各マーケティング施策経由のリードの商談化率が低下し、CPAが高騰しているという課題を感じておられる方もいるのではないでしょうか。

　このような状況におかれている時に取り組みを検討したい施策が、プッシュ型のインサイドセールスであるBDR（Business Development Representative）です。

　BDRは、リード情報がない状態から、コール、メール、手紙、フォームの問い合わせなど、さまざまな手法を用いてターゲット企業との商談機会を創出します。

　セールス対象は、中堅規模以上（従業員数が100名以上もしくは、一定以上の売上規模）のエンタープライズ企業です。

　BDRは米国では広く普及していますが、日本で活用できている企

業はまだ少ないのが現状です。Web媒体などでBDRの情報は入手できるものの、深い情報を提供している媒体は多くありません。

そこで、BDR戦略に取り組みたいと考えている成長企業の皆様に、BDRに関わる情報を深く知っていただきたいと考え、本書を著すこととにしました。

私の会社DORIRUは、「成長企業の新規開拓の悩みをなくす」をミッションに掲げています。そして、未接点の中堅規模以上の企業からの新規商談を創出する『DORIRU cloud（ドリル・クラウド）』というサービスを展開し、多くのSaaS企業のお手伝いをしてきました。

本書でお伝えするBDR戦略は、私自身のBtoCでの新規開拓営業経験をBtoBに転換した独自のノウハウです。なかには、「BtoCの新規開拓経験をどう応用するのか？」と不思議に思われる方もいるかもしれません。

私は、前職で輸入車ディーラーと不動産投資のBtoC営業を経験しました。その時の、リード情報がない状態から、あらゆる手段を使って接点をつくり商談を獲得してきたノウハウが、当社のBDRノウハウのベースとなっています。

多くのSaaS企業は、プル型のインバウンドマーケティングでの新規顧客獲得のために、ザ・モデル型の組織体制をとられていることと思います。

しかし、プッシュ型で新規顧客を獲得しようと考えても、自社にはアウトバウンドのインサイドセールスが育っていません。

そのような状況でBDR戦略を始めるには、まず何から着手するべきか？

BDRの概要や導入に最適なタイミング、社内体制づくり、KPI設定など、具体的に述べることで、少しでも貴社のお役に立てれば幸いです。

2023年2月吉日

DORIRU株式会社代表取締役 社長　小林竜大

目　次

成長企業がBDRに
取り組むべき理由

BDRと他の営業手法との違い

成長企業には エンタープライズ戦略が 必要

ビジネスを存続させるには一定以上のACVを維持する必要があります。そして、エンタープライズ企業の顧客はACVが高い傾向があり、解約率も低く安定します。

「死の谷」より高いACVを維持する必要がある

　成長企業にとって、エンタープライズ戦略が必要な理由は3つあります。

1. 「死の谷」より高いACVを維持する必要が
   ある
2. ACVが高いほど、必要な顧客数が少ない
3. エンタープライズ企業は解約率が低く、
   安定しやすい

　SaaS企業のプライシング設定に関する、アメリカの調査会社 Blossomstreetventuresによるレポートがあります（https:// blossomstreetventures.com/2019/04/10/smb-is-a-hard-road-in-saas/）。

　アメリカの上場企業のSaaS企業37社について、ACV（1顧客当たりの年間平均契約金額）を比較したもので、この調査によればACVが50〜360万の間には企業が存在しません。

　SaaS業界では、この企業が存在しないゾーンを「死の谷」と呼んでいます。つまり、対象顧客とACV（年間契約金額）がマッチしないために、売り上げが鈍化していき、成長が完全にストッ

プするとされています（https://hiromaeda.com/2017/02/05/deathvalley/）。

　そのため、特にSMB層の顧客が多くACVが低いSaaS企業が存続していくなら、エンタープライズ戦略は欠かせません。

ACVが高いほど、必要な顧客数が少ない

　SaaS企業の理想的な成長モデルとして、「T2D3」があります。毎年、Triple（3倍）、Triple（3倍）、Double（2倍）、Double（2倍）、Double（2倍）に成長させていくというものです。この水準に倣うと、5年後に72倍の売上高を目指すことになります。

　多くの企業は、売上100億円を目指すことが多いです。

　右ページの表は、年間の想定売上高から逆算して、ACVごとにどれだけの顧客数が必要なのかを算出したものです。

　この表を見ると、例えばACVが10万円なら必要な顧客数は10万社です。

　ACVが低いほど多くの顧客数を獲得する必要があり、営業工数も非常に大きいです。現実的にそれだけの市場シェアを取れるのかを考える必要があります。

　そして、新規で顧客を開拓しても解約が発生し、解約率に応

成長企業にとってエンタープライズ戦略が必要な理由

ACV	売上高100億円に必要な顧客数
￥　　　100,000	100,000
￥　　　250,000	40,000
￥　　　500,000	20,000
￥　　1,000,000	10,000
￥　　2,500,000	4,000
￥　　5,000,000	2,000
￥　10,000,000	1,000
￥100,000,000	100
￥200,000,000	50

じて必要な顧客数が増えていくため、ビジネスモデルとして破綻してしまいます。穴の空いたバケツで水を汲んでいるような状態になってしまいます。

そのため、より高いACVを目指せるエンタープライズの戦略が必要となります。

提供するプロダクトにもよりますが、エンタープライズ企業の場合、ACVは1000万円以上が一般的です。ACVが1000万規模であれば、売上高100億円に必要な顧客数は1000社です。

1000社が市場シェア何％で達成できるかがわかったら、顧客獲得戦略をどう進めていくかも考える必要があります。

たとえば、プロダクトで販売していくPLGモデルなのか、われわれのようなBDRを使ってセールスしていくSLGなのか。

SLGモデルで顧客獲得戦略を進めていく場合は、受注までのリードタイムが長期化し、CAC（1社当たりの獲得コスト）が高騰する傾向にあります。したがって、ACVが低いとビジネスの成長が難しくなるため、一連のセールスプロセスも見直していく必要があります。

もし、自社のACVが50〜360万に入っている場合は、ACVを引き上げる施策を打ち出す、エンタープライズへのアプローチにシフトすることで解約率を低下させACV、LTVを上げていくなどの方法があります。

SaaS企業の場合、プライシング戦略が言語化できていないこ

ともあるので、プライシング戦略を再考していただくケースもあります。

エンタープライズ企業が増えると、解約率が低く安定する

エンタープライズ戦略が必要な理由の3番目は、解約率が低く安定することです。

1社当たりの顧客単価が高いとLTVが高くなります。国内の全企業のうちエンタープライズ企業の割合は0.3%、SMB企業は99.7%です。

0.3%は少ないですが、エンタープライズ企業は1社当たりの単価が高いです。

また、SMB企業の特徴として、受注までの意思決定行動がトップダウン型でシンプルであるため、トップにアプローチして受注までのリードタイムはおよそ1週間以内と言われています。しかし、導入スピードが速い分、導入後の解約率はおおむね3〜7%と高い傾向にあります。

既存顧客の多くがSMB層で構成されている場合、顧客数が増えれば増えるほど解約率も高まります。新規顧客の獲得にリソースを割く必要があるため、獲得しても解約も多く発生してしま

うという、負のサイクルになってしまうのです。

　一方、エンタープライズ企業の月次の解約率は0.5〜1％と言われています。新規顧客の獲得難易度は高いものの、導入後は着実に利用し続けてもらえるため、売上げが積み上がりやすく、結果として高いLTVを実現できます。

　加えて、SMBの場合は受注後のカスタマーサクセスによるオンボーディング工数が高い傾向があります。エンタープライズ企業の導入工数のほうが受注金額に比較して少ないというデータもあるため、SMB開拓を積極的に行う意味はあまりないと言えるでしょう。

　しかし、エンタープライズ企業から問い合わせが来ることはまれであるため、こちらから能動的にアプローチしていく必要があります。その手法として「BDR」があります。

エンタープライズ企業に
アプローチするBDRとは

プッシュ型のインサイドセールスであるBDR。その特徴について、似たイメージを持たれがちなテレアポと比較して解説します。

プッシュ型インサイドセールスで商談機会を創出

BDR（Business Development Representative）は、プッシュ型のインサイドセールスのことです。リード情報がない状

態から、コール、メール、手紙、フォームの問い合わせなど、さまざまな手法を用いて、ターゲット企業との商談機会を創出していきます。

セールスの対象は、中堅規模以上（従業員数が100名以上もしくは、一定以上の売上規模）のエンタープライズ企業が対象となります。

特徴は、潜在ニーズ発生前後の見込客に対して、検討ステージの前半からリーチしていくことです。インバウンドリードと比べると導入意欲が低く、受注までのリードタイムは半年から1年ぐらいと長期化する傾向があります。

BDRで潜在的なニーズをもつ層にアプローチする必要があるのは、ニーズが顕在化している層だけにアプローチしていては顧客層が限られるからです。

顕在層はそもそも数が少ないので競争倍率が高く、既に他企業のサービスを導入しているケースも多いです。

より広く、多くのお客さまに知ってもらうには、見込み度合いの低い潜在層にもアプローチが必須であり、プロダクトやサービスに興味を持ってもらうためのプロモーション、アピールを行っていくことになります。

また、ACV（年間契約金額）が高いと予想されるお客さまとの接点創出という点でも、BDRの必要性があります。SDRなどのプル型のインバウンド施策だけに頼ってしまうと、ACVが高

いお客さまから問い合わせが来る可能性は低いでしょう。

ABMの手法がBDR戦略に有効な理由

では、BDRについてくわしく説明していきます。

BDRは、テレアポ代行のようなイメージをもたれがちなので、テレアポと比較して解説していきます。

	ターゲット戦略	トークスクリプト	獲得チャネル
テレアポ	なし	使いまわし	電話
BDR	企業版ペルソナ、個人ごとのDMU構成	業界や従業員数や企業ステージ、部署によって変更	電話、メール、問い合わせフォーム、手紙など様々

上記のように、テレアポは基本的にターゲット戦略がなく、架

電リストの上から順にコールしていきます。コールする際のトークスクリプトは、最初に作成したものを使い回すことが多いです。

　一方、BDRは受注済み企業からABMの手法を用いて戦略設計し、潜在顧客となり得るアプローチリストを抽出します。
　ABM（Account Based Marketing）とは、具体的な企業をターゲットとして設定し、ターゲットからの売上を最大化するために戦略的にアプローチする手法です。

　また、ターゲット戦略においては、企業版ペルソナと、個人ごとのDMU構成を実施した戦略的なアプローチを行います。
　このため、セールス対象部門が1つでレイヤーが1つというわけではありません。例えばマーケティング組織の中でも、部長、課長、担当にアプローチするなど、DMU構成を意識した戦略的なアプローチを行うことが、BDRの特徴です。

　そして、トークスクリプトについては、業界や従業員数や企業ステージ、部署などによって構成を変更します。

　獲得チャネルについては、テレアポがすべて電話であるのに対して、BDRは電話がメインではあるものの、メールや問い合わせフォーム、手紙などを用います。状況に応じて、コール＋手紙、コール＋フォームなど複数のチャネルでアプローチします。

アウトバウンドと
BDRの違い

BDRとアウトバウンドの違いは、ターゲット企業
の違いです。BDRのターゲット企業の従業員規模
が100〜999名もしくは1000名以上であり、ア
ウトバウンドは1〜99名です。

アウトバウンドの特徴

「BDRとアウトバウンドの違いはなにか？」と聞かれることが
あります。その違いを説明するにあたって、まずアウトバウン

ドの特徴から説明していきます。

私たちDORIRUは、アウトバウンドは従業員数1〜99名の
SMB領域の新規開拓手法と捉えています。

SMB領域の企業にアプローチする場合は、DMU構成の考慮
があまりせず、代表取締役からアプローチすることも可能です。
経営層向けのトップダウン型のアプローチができるときに有効
な手法といえます。

アウトバウンドを有効活用する前提として、以下2点に当て
はまる必要があります。

・商材単価が月数千円ほどと低単価。もしくは契約期間が長
　くなくLTVが低い
・1人のセールスがアポイント獲得から受注までを一気通貫
　で対応している

アウトバウンドの特徴は2つあります。

1つめは、顧客の検討フェーズに合わせたアプローチである
ABM戦略が実行できないため、均一的なアプローチしかできま
せん。

2つめは、低単価のプロダクトに適した営業手法であり、1社
当たりのLTV（顧客生涯価値）が低いため、CAC（1社当たり
の獲得コスト）は数万〜数十万円ほどです。

そのため、上質な顧客獲得やマーケティング戦略の実行は難

しいです。

　また、アウトバウンド施策のCAC高騰に対する解決策は、次の2つがあります。

　1つめは、トップセールスを採用し、既存営業メンバーの育成や営業研修、ツール導入によって受注率や生産性の向上を目指します。

　2つめは、アウトソースする場合は、BPOなど単価の安い派遣会社などを活用して、CACやCPAを抑えます。

BDRの特徴

　次に、BDRの特徴について説明します。

　BDR施策がマッチするのは、いわゆる「ザ・モデル型」の組織で、インサイドセールス、フィールドセールス、カスタマーサクセスという体制が整っている企業です。

　特徴は、DMU構成や企業版ペルソナを意識して、ボトムアップ型のアプローチを行うことです。アプローチの順序として、まず導入推進者にアプローチし、2次商談で意思決定者に到達し、3回目の商談でクローズする形で、ボトムアップでアプローチしていきます。このように、トップダウン型のアプローチを

行うアウトバウンドとは逆の手法です。

ターゲット企業は、従業員規模100〜999名、もしくは1000名以上の企業です。

そして、商材単価は中単価から高単価で、LTVが高めの企業さまがマッチすると言われています。

また、顧客の検討フェーズに合わせて具体的な顧客獲得戦略が実行できるため、ABM戦略を活用できます。プロダクトの価格帯が中単価から高単価なので、1社当たりのLTVが高く、CACにも多くのコストを投下可能です。

その結果、良質な顧客獲得戦略、マーケティング戦略が実行できると言えるでしょう。

BDRを活用する
メリット、デメリット

BDRのメリットは、ピンポイントにアプローチでき、商談化から受注までのリードタイムが短縮すること。デメリットはフィールドセールスの対応工数が増加、CACが高騰します。

BDRを活用するメリット

BDRの特徴をほかの営業手法との比較で説明してきました。次に、BDRの導入を検討する前に知っておきたいメリット・デ

メリットについて説明します。

　BDRのメリットは、3つあります。

> 1. ピンポイントで対象企業、対象人物に
>   アプローチできる
> 2. 商談の案件サイズのコントロールが
>   可能になる
> 3. 商談化から受注までのリードタイムの短縮

1 ピンポイントで対象企業、対象人物に アプローチできる

　ABM戦略を活用しながら、ピンポイントで対象企業、人物に
アプローチできることです。
　対象人物を名刺管理アプリなどのさまざまなツールを活用し
ながら特定し、問い合わせフォーム、手紙でのアプローチなど
さまざまな方法で、ピンポイントで接点を持つことが可能です。

検討ステージの前半からアプローチできるため、検討ステージに上がったタイミングで思いだしてもらいやすいです。

ピンポイントでのアプローチになるため、キーマン情報の事前収集、アプローチ後のキーマン情報のデータ更新が重要です。

2　商談の案件サイズのコントロールが可能になる

SDRのインサイドの場合は、リード量や質はマーケティング組織に依存するため、商談数や案件サイズのコントロールが困難で、小さくまとまる可能性があります。

BDRはピンポイントアプローチを行うため、ACVが高そうなお客さまをターゲティングできます。商談数の調整、案件サイズのコントロールのコントロールが可能になり、より大きな案件の獲得を実現しやすいです。

3　商談化から受注までのリードタイムの短縮

BDRは、リード情報がない状態から商談機会を生み出していくため、商談化までのリードタイムは比較的長いです。しかし、商談化してから受注までのリードタイムは比較的短いのです。

　そして、商談化から受注までのリードタイムが短くなることで、フィールドセールス1名あたりが保有できるクライアント数が増えます。そのため、受注金額や受注件数の向上も見込めます。

BDRを活用するデメリット

BDRのデメリットは、3つあります。

> 1. フィールドセールスの対応工数が増加する
>
> 2. 商談化と案件獲得の難易度が高い
>
> 3. CACが高騰する

1 | フィールドセールスの対応工数が増加する

BDRを活用して獲得チャネル、導線を増やすことで、生み出せる商談数は増えていきます。しかし、BDRの特徴として検討ステージ前半の見込みが低い案件が多いため、インサイドセールスやフィールドセールスの対応工数は増加します。

2 | 商談化と案件獲得の難易度が高い

商談創出と案件獲得の難易度が高いことです。

BDRの特徴は商談化までのリードタイムが長期化するため、商談化の見込みが低い案件が多く、商談化の難易度が高いです。

また、アプローチの際には、経営層が抱える経営アジェンダを想定してメッセージを作成する必要があります。適切なメッセージが作れない場合、最適なアプローチができずに終わってしまう可能性もあります。

そうならないためには、DMU構成を意識した上で、意思決定者のうち誰がどんなニーズを持っているのか、事業フェーズを確認した上で誰がどのように訴求する必要があるのかを、全体的に把握する必要性があります。

アプローチとして、まず現場に近い担当者、もしくは導入推

進者に対してリーチをして接点をつくる必要があるため、案件獲得の難易度がやや高いです。

3 ｜ CACが高騰する

3つめのデメリットは、ビジネスモデルによってはCAC（1社当たりの獲得コスト）が高騰することです。

プロダクトの単価が低い場合は、そもそもBDR施策をするべき市場が存在しない場合もあります。ビジネスモデルによってはCACが高騰し、BDR施策が打ち止めになるケースもあります。

具体的には、月額単価が低い、従量課金で対象となる従業員数が少ない、契約期間が短くサービスが買い切り型でLTVが低い場合などは、獲得コストが高くなるBDRは適さないケースがあります。

そういった場合は、BDRではなくインバウンドマーケティングに注力し、マーケティング経由でリードジェネレーションを積極的に行い、SDR型で商談数の確保を行います。もしくは、アポイント獲得から商談受注まで1人のセールスが一気通貫で行うほうが、ROI（投資収益率）は高くなる傾向があります。

マーケティングで行うリードジェネレーションの例は、リス

ティング広告、比較サイトの広告出稿、メディアのバナー広告、Facebook・Twitter・InstagramなどのSNS広告などです。

　「BDR施策に取り組みたい」という企業は多いですが、成長ステージが浅かったり、月額単価が低くLTVが低かったりすると、BDR施策がマッチしないケースもあります。したがって、BDR施策を進めていく場合は、前提としてビジネスモデルがマッチしているか、成長ステージがしっかり進んでいるか、CACに割けるコストが用意できるかを見極めていきましょう。

SDRとBDRの役割

SDRはプル型の営業スタイルで、対象企業は中小・中堅が中心です。一方、BDRはプッシュ型で、対象企業は大手が中心です。

BDRとSDRの違い

BDRを検討している企業は、SDRに取り組まれているケースが多いと思います。

　ここでは、BDRとSDRの違いについて説明します。

　SDRとは、プル型のインサイドセールスのことです。
　マーケティング部門が獲得したリード情報に対してアクションを行い、商談化の条件を基に最適な状態でフィールドセールスにパスします。

　SDRには、オンライン施策とオフライン施策があります。
　オンライン施策は、指名検索などのオーガニック流入の問い合わせ、広告経由で流入してくる資料請求、ホワイトペーパーのダウンロードなどです。
　オフライン施策は、展示会やカンファレンス、イベントで

	SDR	BDR
営業スタイル	反響型（プル型）	新規開拓型 （プッシュ型）
対象企業	中小・中堅企業 中心	大手企業中心

獲得した名刺情報へのアクションやアクティビティーを実行します。

　SDRが対象とする企業は中小・中堅企業が中心であるのに対して、BDRは中堅規模以上のエンタープライズ企業を対象とします。

　リード情報がない状態から、さまざまな手段を活用してターゲット企業にリーチし、新規の商談機会を創出する点が特徴です。

　ニーズが発生する前後の、検討ステージの前半にあるターゲットにアプローチすることから、導入意欲は比較的浅く、意思決定までのリードタイムが長期化する傾向があります。そのため、BDR施策を進めるときは、商談から受注までのリードタイムを加味して進めていく必要があります。

SDRとBDRではセールスの対応範囲が違う

　また、SDRとBDRでは、インサイドセールスの対応範囲が異なります。

　SDRは中小企業を対象としているため、小規模個人事業主を含む従業員規模1〜99名の企業が対象です。

一方、BDRは中堅規模以上の従業員数100〜499名の企業、500〜3999名の大手企業、4000名以上の大企業を対象としています。

BDR、SDRが担う
インサイドセールスの対応範囲（企業規模別）

インサイドセールスの対応範囲	SDR対応	BDR対応
大企業 4000名以上		
大手企業 500〜3999名		👤👤
中堅企業 100〜499名	👤👤	※ターゲット企業のみ 👤👤
中小企業 1〜99名	👤👤	

出典：ボクシル

成長企業がBDRに取り組むべき理由──BDRと他の営業手法との違い

第 2 章

BDRを始める
最適なタイミング
とは

BDR部隊を立ち上げるのに
最適な事業フェーズ

BDR部隊を立ち上げる最適な事業フェーズと、着手に適さないフェーズを確認して、自社にとって最適なタイミングを図りましょう。

BDR施策を検討するボーダーライン

BDRを立ち上げる最適な事業フェーズは、IPO前後でプロダクト単価が中単価から高単価くらいの状態です。

SaaSのプロダクトの場合、月額単価30万円以上、ACV（年間契約金額）360万以上が施策を検討するボーダーラインとなります。

　有料課金のプロダクトの場合、ARPU（1ユーザーあたりの平均売上）を300円くらいで設定されている場合は、従業員規模を区切ってBDR施策を行い、ARPUを引き上げていくことをおすすめします。

　BDRは商談化までのリードタイムが長くCAC（顧客獲得単価）が高いため、基本的にはSDR施策をやりきった上で、BDR施策に着手するのが望ましいです。

　ただし、プル型のインバウンドマーケティングでは最適なお客さまからの流入が少なく、BDRが必要であるケースもあります。そういった場合は、SDRとBDRの両方を並行して行っていくこともあります。
　また、SDRのインバウンドリードの流入施策をいったん停止し、BDRにリプレースしていくという方針をとる場合もあります。

BDR施策の着手に適さないケース

　次のページに記した2つの状態に当てはまる企業は、BDR施策の着手には適さないため、注意が必要です。

1. インサイドセールスの体制や仕組みが
   整ってない
2. インバウンドリードの商談化率が低い

1つめのインサイドセールスの体制や仕組みが整ってない場合、オーガニック経由のオンラインリードに対して、インサイドセールスが即時対応できていない状態です。

まずはオンラインリードに即時対応できるインサイドセールス人材の採用を行い、体制を整えてからBDRを立ち上げるようにしましょう。

2つめのインバウンドリードの商談化率が低い場合も、注意が必要です。

商談化率が低い場合、ランディングページのCTAを資料請求や無料トライアル、ホワイトペーパーダウンロードなどに設定しているケースがあります。

このように導線を広げすぎると、リード自体は流入するもの

の商談化につながらず、SQL化率（リード流入からの商談化率）が悪化したりすることがあります。

　こうした場合は、マーケティングとインサイドセールスが連携し、商談化率が低い原因を解明していきましょう。リードの質の問題なのか、インサイドセールスのフォローアップのタイミングや質の問題なのかを特定した上で、改善が必要です。

　改善策に着手して、ボトルネックを一つひとつ解消し、BDRを検討していきましょう。

　次に、BDRに着手する適正なタイミングについてお話しします。

BDRの適正タイミングと活用目的

BDRは取り組むべき適正なタイミングがあるので確認してみてください。また、BDR施策の運用にあたって、活用目的を定めていきましょう。

BDRの適正タイミング

BDR施策に取り組む適正タイミングは、以下のように3つあります。

1. 急激な事業成長を求めていて、
   SDR施策ではリーチしきれない潜在層に
   アプローチしたい

2. 新規のリード獲得施策をやりきったが、
   獲得チャネルをさらに拡大したい

3. さまざまなマーケ施策を実施しているが
   商談化率が低下している

　1つめは、急激な事業成長を求めていて、SDR施策ではリーチしきれない潜在層にアプローチしたい場合です。マス広告などのプル型の認知施策と合わせて、プッシュ型のBDRを検討してみましょう。

　2つめは、テレビCM、タクシー広告、移動広告、エレベーター広告など認知系の獲得施策をいったんやりきったものの、さらなる事業成長を求めて獲得チャネルを拡張したい場合です。

　3つめは、比較サイト、イベント、カンファレンスなどのマーケティング施策を実施しているものの、リードからの商談化率が低下している場合です。

　例えば、比較サイト経由のリード獲得単価はおよそ1.5万円と言われています。1.5万で100件流入したら150万のコストがかかります。

　そこからの商談化率を10％と仮定すると商談化は10件なので、CPAは15万円ほどと高騰してしまいます。

　ただし、CPAに関する考え方は企業によって異なります。チャネル拡張フェーズの企業さまは適正値だと考えていることもありますが、CPAはどんどん高騰化していきます。

　こういった場合は、ピンポイントアプローチでBDR施策を活用すると、3〜5万円ほどで未接点企業を獲得することができます。

　こうした場合も、取り扱いプロダクトのLTV（1社当たりの顧客生涯価値）が高く、選択できるマーケティング施策が豊富にあることが条件のひとつになります。

　このように、BDR施策を始めるのに適したタイミングであるかは非常に重要です。

　例えば、私たちが商談させていただく際に、マッチしない事業フェーズの企業の場合は「事業フェーズが進んだタイミングでご相談ください」と、お断りすることもあります。

BDRの活用目的

BDR施策をしっかりと運用するには、BDRの活用目的が明確に定まっていて、社内の推進体制が構築していることが重要です。

活用目的が設定されていないと、BDRのプロジェクトにおいて何をKPIとするかが不明確になり、コストが高くなるなど様々なズレが出てきてしまいます。例えば、「コストは高くても確実に受注したい」という活用目的だとしても、うまく伝わっていないと、商談化率の低い商談をたくさん取ってきてしまうことになりかねません。

SaaS企業がBDRを活用する目的として一番多いのは、ミッド・エンタープライズ市場での安定した企業成長や、ARR（年間経常利益）の非連続な成長を求めているからです。

BDRの活用目的として、以下のようなものが設定できるような状態だとよいでしょう。

・中堅から大手企業の新規商談数を
　向上させる
・ACV（年間契約金額）が高そうな
　未接点企業との接点をもつ

BtoBマーケティング視点でのBDR戦略

BtoBマーケティングの視点でBDR戦略を行う場合、商談化までのリードタイムが長いため、成果にとらわれすぎないようにしましょう。

ピンポイントのアプローチが可能

BDRは適切なターゲットに対してピンポイントで戦略的なアプローチが可能です。つまり、業種・企業規模・対象部署・

DMU構成など、ピンポイントのアプローチができます。こうしたBDRの特徴を、BtoBマーケティング視点で活用いただいている企業もあります。

　注意点として、BDRはアプローチから商談化までのリードタイムが長いことです。そのため、アプローチ前に必要なリサーチ業務や準備事項も複雑です。そして、質の高い商談創出や新規案件受注に到達できる可能性は低いです。

　BtoBマーケティング視点でBDR戦略に取り組む際は、「結果イコール成果」にとらわれすぎないことが重要です。

　参考までに、過去に担当したBDRプロジェクトの一例をお伝えします。

　プロジェクトの目的として、「商談の質を意識してほしい」という要望がありました。商談の質を意識した結果、組織図の上につながる案件の創出には貢献できました。

　しかし、商談化の定義を絞ったことで、検討ステージ後半の見込み客しか接点を持てず、商談数は想定よりも少ない結果に終わってしまいました。

　このプロジェクトが、フィールドセールス側にトスアップできる短期的な有効商談や受注につながりやすい案件、質の高い商談機会を提供できたことは成果でした。

　しかし、検討ステージの前半の潜在層に対してリーチができなかったために、見込み顧客との接点は生み出せませんでした。

中長期的なバランスで見ると、案件化を狙える商談トスアップ件数の母数が、全体的に少なくなってしまいました。

中間CVを設定する必要性

　このように、プロジェクト推進にあたって、どんな数値をゴールと定めるのかは非常に重要なポイントです。

　たとえ受注に結びつかなくても、キーマンにアプローチして買わない理由が分かったなら、それは重要な成果です。こうした情報は、今後のプロダクト開発にも生かせるからです。そのため、成果ポイントを必ずしも受注だけに置くわけではなく、中間にCV（成果）ポイントをつくっておくことをお勧めします。

　例えば、受注につながらなかったり、有効商談件数が足りなかったりする場合でも、BDR施策全体のゴール設計によっては、何らかの成果につなげられます。こうした視点も踏まえて、推進リーダーや意思決定者は中間CVを決めていく必要があります。

　また、BDRをBtoBマーケティングの視点で動かす際に、BtoBマーケティング組織の本部長クラスの方が、意思決定者と推進リーダーを兼任する場合が多いです。

　こうしたときにMQLからSQLの転換率などの定量のみで
BDRが評価されないよう、マーケティング組織が主体となりつ
つ、他の部署と連携して期待値コントロールをしていくことが
重要です。

　その上で施策の意図を理解しておけば、当初描いた結果につ
ながらなくても、BDRを実行した成果は生み出せます。

中間ＣＶの設計

BDRでは中〜高単価の商材を扱うため、CVが発生しにくいです。途中離脱などの機会損失を避けるために、中間CVを設定しましょう。

見込み顧客を取りこぼさないために

　中間CVを設定することがBDRにおいて非常に重要だと前述しました。BDRにおいては、フェーズ・見込み顧客の確度ごと

にCVを設計していきます。

　比較のために、BtoCの場合をお話しすると、「CV＝購入」というケースが多いです。低単価商材なら、BtoCマーケティングの広告経由で、LP（ランディングページ）に初めて訪れたエンドユーザーが、キャンペーンやセールなどが開催されていたら、何となく購入してしまうケースが非常に多いからです。

　一方、BDRはBtoBであり、中〜高単価の商材を扱うため、検討の初期段階でLPを訪れた見込み顧客がいきなり発注することはほぼありません。そのため、CVポイントを中間に設定しましょう。

　もし、中間CVポイントを設定せずに、LP上の問い合わせをCVポイントにしてしまったとしたら、検討ステージ前半の見込み顧客を取りこぼし、大きな機会損失につながるリスクがあります。

　そのため、問い合わせに到達していない検討ステージ前半の顧客が、途中離脱しないよう最適なCVを設定する必要があります。

　具体的には、検討期間の序盤にアプローチするためのコンテンツ設計が必要です。サービスの概要資料や潜在層に向けたホワイトペーパーを提供する、ハードルの低いCVポイントを設けます。

　そこで一度顧客と接点をもち、セールスは段階的なコミュニ

ケーションを図っていただきながら、関係性を構築した上で、質の高い商談につなげていきます。

　こうした施策を行う上では、見込み客の段階ごとにどんなコンテンツで、どうアプローチすればいいかを考えることが重要です。

　例えば、ホワイトペーパーのダウンロードをCVにする場合、自社サービスや製品のアピール情報まで盛り込むと少し営業色が強すぎます。

　かといって、用語解説のような一般的で抽象的な内容に寄り過ぎたコンテンツでは、CVする見込み顧客の確度が低くなりすぎてしまいます。

ホワイトペーパーを作成するときのポイント

　ホワイトペーパーは、質の高い商談機会を生むためのリードを育成する中間CV資料と定義しています。

　見込み客のフェーズは、潜在・準顕在（比較検討フェーズ）・顕在という分類をします。

ホワイトペーパーには、以下のような種類があります。

・課題解決型

・ノウハウ型

・事例集型

・調査レポート型

・イベントレポート型

　例えば、潜在層のお客さまなら、ノウハウ型のホワイトペーパーを用意します。少し検討フェーズが上がり、サービスの比較検討を始めている準顕在層には、既存顧客の事例集をホワイトペーパーとして提供します。

　さらに、顕在顧客に近づいてくると、営業資料と近い調査レポート型を提供するなど、段階的に内容を変えていきます。

第3章

BDR導入前の
体制づくりと戦略

エンタープライズ開拓を伸ばすBDRの戦略と組織づくり

BDR戦略を進めていく上では、インサイドセールスの体制と役割の明確化が重要です。企業規模や売上高などに応じて、対応領域を分けるのもいいでしょう。

限られたリソースで成果を最大化する

　エンタープライズ開拓を伸ばすBDRに求められるのは、限られたリソースで成果を最大化することです。そのためには、イ

ンサイドセールスの体制と役割を明確にする必要があります。

　体制の例としては、従業員500〜999名の企業はAさん、1000〜4999名はBさんが担当するなど、企業規模や売上高別に対応領域を分ける方法があります。

　エンタープライズ企業にアプローチする際は、広範囲でリーチするのではなく、一社一社に対して戦略的にアカウントを開けていきます。自社の最優先ターゲット群となる企業を、定性と定量で言語化して担当も分けていきます。

　また、インサイドセールスの役割はアポを取るだけではなく、案件数の最大化、ACVが高いと考えられる見込み顧客の商談数アップ、最終的な受注の貢献です。

インサイドセールスの役割と活動

　インサイドセールスは役割を達成するために、さまざまな活動を行います。

　次のページをご覧ください。

・ターゲット戦略

・ターゲット顧客の対象母数決め

・ターゲット顧客の優先順位を設定

・各ターゲットにマッチした獲得チャネル
　（プル型、プッシュ型）に対する
　ホワイトリスト（未接点企業リスト）抽出

・コール時のスクリプト設計

・NGに対する応酬話法

・中間CVポイントで使うホワイトペーパー
　などのコンテンツ作成

・アクション手前にあるDMU構成で必要な
　キーマン情報のリサーチ、
　関連するソーシャルの対応

・ウェビナーの登壇

・見込み顧客と接点を持ったときの
　ナーチャリング（育成）と選別

・フィールドセールスの受注から逆算した
　必要商談数と商談化までの
　プロセスの変数計画

ここからは、インサイドセールスをどのような活動を行うか
を具体的に説明していきます。まず行うのはターゲットリスト
戦略です。

BDRにおける
ターゲット戦略（ABM）

ターゲットとなる企業を分類し、分類ごとに獲得チャネルの選定やアプローチ戦略の設計を行います。

ABM戦略を設計する

BDRにおけるターゲット戦略は、ABM戦略を設計することが多いです。企業版ペルソナと、意思決定のプロセスに関係する

メンバーのDMU構成をベースに行っていきます。

　具体的には、FORCAS（フォーカス）のTIERという定義を基に、対象企業を分類し、TIERごとに獲得チャネルの選定やアプローチ戦略の設計を行っていくことが多いです。

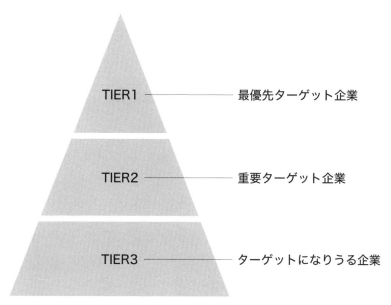

TIER1 ――― 最優先ターゲット企業

TIER2 ――― 重要ターゲット企業

TIER3 ――― ターゲットになりうる企業

出典：https://note.com/jmagicpie/n/ne1faa7bd870dより引用

　TIER1は最重要ターゲットであるため母数が限定されるため、TIER2、3と広げることで対象企業の母数を広げていくことが多いです。
　上記のように企業を分類し、それぞれの対象母数となる社数を算出します。

次に、横軸として、既存顧客、ハウス、ホワイトリストに分類します。

	既存顧客	ハウスリスト	ホワイトリスト（未接点企業）
TIER1 90社	80社	10社	10社
TIER2	●社	●社	●社
TIER3	●社	●社	●社

ハウスの定義は、既に保有している見込み顧客のリード群です。リード群の中には、フィールドセールスが商談対応中だったり、案件化していたり、過去に失注していたりするリードが含まれています。

ホワイトリストは、既存顧客でもなく、過去に接点を持ったこともない完全なる新規の企業です。

ターゲットを「見える化」する

　これらをターゲットグループごとに分けて、それぞれの対象母数が何社あり、既存顧客、ハウス、新規顧客の比率はどのくらいか、洗い出しをします。

　例えば、Tier1が100社のうち、既存顧客が80社、10社がハウス、残り10社が未接点といった形で、見える化します。

　見える化が完了したら、施策への落とし込みを行います。

　マーケティングとインサイドセールスが連携し、インサイドセールスで獲得するのか、それともプル型のマーケティングで新規リードを流入させるかなど、セグメントごとの対応を決めていきます。

　具体的な獲得チャネルは、コール、手紙、展示会などさまざまな獲得チャネルの中から、ターゲットグループにマッチするチャネルを選定します。

BDR 推進体制の重要性と
社内理解

BDR を導入してすぐに質の高い商談獲得や案件受注につながるとは限りません。だからこそ、推進リーダーを定めてしっかりと施策にコミットすることが重要です。

BDR 推進のポイント

BDR を進めていくにあたっては、推進リーダー、BDR 担当インサイドセールス、BDR 担当フィールドセールス、マネジャー

を社内体制として整える必要があります。

　大前提として、推進リーダーを決めて社内の責任の所在を明確にし、推進リーダーがしっかり施策にコミットすることが重要です。なぜなら、BDRを導入してすぐに質の高い商談や案件を受注できるとは限らないからです。

　BDRは以下のポイントを押さえて、進めていきましょう。

1. BDR施策の背景や意図、活用目的を
   フィールドセールスのメンバーが
   理解する

2. BDR専用の初回相談から受注に至る
   商談シナリオを設計する

3. 商談化しなかった顧客に対する
   マーケティングでのMA運用や
   ナーチャリング設計

4. BDR経由で獲得した商談に対しての
   コンテンツの整備

まず、BDRで獲得した商談の背景や意図、活用目的をしっかりフィールドセールスのメンバーが理解することが重要です。理解が欠けていると、インバウンド経由の商談を優先して、BDR経由の商談の優先度が下がってしまうからです。

商談に臨む体制を整える

商談を担当するフィールドセールスは、BDR経由の商談だけでなく、マーケ経由で獲得したSDRの商談も担当しています。

SDRは受注までの期間が約3ヶ月と短いですが、BDRは半年〜1年など長期化する傾向にあります。そのため、初回商談以降のナーチャリングの設計を整える必要があります。

もし、人材が豊富にいる場合は、SDRとBDRで担当を分けていただくほうが運用としてはうまくいきやすいです。

2つめは、初回相談から受注に至る商談シナリオをBDR専用に設計することです。

3つめは、初回相談で商談化しなかった顧客に対する、マーケティングチームでのMA運用やナーチャリングを設計することです。

4つめは、BDR経由で獲得した商談に対してのコンテンツの整備です。検討ステージ前半にある企業のフェーズにマッチす

るコンテンツを用意する必要があります。

　まとめると、BDRは潜在層へのアプローチになるため、商談化までのリードタイムが長いという特徴があります。こういった状況に対応するには、社内体制を構築し、チーム全体で前に進めていくことが重要です。

BDRを成功に導く、
顧客獲得戦略のポイント

営業プロセス全体の見直し、組織の連携強化、リードナーチャリングとリードクオリフィケーションを行うことが、BDRを成功に導きます。

顧客獲得戦略の3つのポイント

　BDRを成功に導く、顧客獲得戦略には3つのポイントがあります。

1. 顧客の購買フェーズごとに
   営業プロセス全体を見直す

2. マーケティング・営業組織の連携を強める

3. リードナーチャリングと
   リードクオリフィケーションが重要

1 | 顧客の購買フェーズごとに 営業プロセス全体を見直す

　BtoCにおける購買までの流れは、低単価商材が多いことから、購入者＝最終的な意思決定者であるケースがほとんどです。そのため、企業や個人は衝動的に意思決定することが多いです。

　一方、BtoBプロダクトの意思決定は、担当者だけでなく組織や会社全体の合理的な判断によって行われるため、受注までの商談サイクルが長くなる傾向にあります。そのため、1人の営業が認知獲得から受注までを担当するという、従来の営業プロ

| マーケティング部門 | 需要の創造
潜在顧客の獲得 |

| インサイドセールス部門 | 見込み顧客の育成
案件の発掘 |

| 営業部門 | 商談管理
課題解決 |

| カスタマーサクセス部門 | 活用支援
契約継続／追加 |

出典：https://satori.marketing/marketing-blog/the-model/ より引用

セスをすべて見直す必要があります。

　左ページの図は「The Model＝営業の分業制」について表したものです。

　ザ・モデル型では、顧客の認知、興味・関心の想起はマーケティング部門が担当し、リードの絞り込みから比較検討までをインサイドセールスが担います。

　実際の提案から購入までのプロセスをフィールドセールスが行い、購入後の活用サポートはカスタマーサクセスが担当するという形です。

　このように、顧客の購買フェーズごとにセールスプロセスを見直していきます。

2 ｜ マーケティング・営業組織の連携を強める

　BtoB領域における顧客獲得施策では、マーケティングとインサイドセールス・フィールドセールスの連携が必須です。というのも、BtoBにおけるマーケ施策においては、フィールドセールスなしでは完結しないからです。

3　リードナーチャリングとリードクオリフィケーションが重要

　リードジェネレーション（見込み客の獲得）だけでなく、その後のリードナーチャリング（顧客育成）とリードクオリフィケーション（見込み客の選別）も重要です。

見込み客の見極めとフェーズの確認

　受注までのリードタイムが長期化する傾向のあるBtoBにおいては、顧客の検討フェーズを徐々に引き上げる中間CVポイント、興味を引き上げるためのコンテンツの提供、設計が必要です。

　さらに、商談化の定義はフェーズによって広げたり、緩めたりするため、見込み客の見極めや選別が重要なのです。

　また、BDRのようにプッシュ型施策で獲得する顧客の8～9割は潜在層、1～2割が顕在層と言われています。フィールドセールスが期待する顕在層のリードが少ないため、意識の乖離が起きやすいです。こうした点を踏まえ、扱う商材ごとに部門間の目線合わせを行い、課題解決に向けた戦略を立てていく必要があります。

KPIを設定する

新規商談数、案件化率、受注率、平均顧客単価などのKPIを設定し、営業活動の進捗具合を確認しましょう。

KPIの設定方法

KGI達成に向けた営業活動を行う上では、進捗具合を確認するKPIを設定する必要があります。

KPIとして設定するのは、新規の商談数や案件化率、受注率、平均顧客単価などです。

さらに行動KPIとして日次・週次・月次の架電数、コンタクト率、コンタクトアポ率などを設定しましょう。

そして、平均単価をベースとして、営業計画を達成するために必要な受注数を割り出し、成約率や価格などの要素を加味した上で、営業計画を達成するのに必要なリスト数を割り出します。

例えば、KGI3000万に対して、平均単価1000万に設定すると、必要な受注数は3件です。

ターゲット企業の母数に架電数、コンタクト率、コンタクトアポ率、商談数、有効商談化率、受注率を掛け合わせると、必要なKPIの設定ができます。

コールから安定的に
商談創出を実現するための
スクリプト戦略

スクリプト戦略を立てる前に、まずはキーマン情報の事前収集をしましょう。その後、正面戦略と側面戦略を使い分けながらアプローチします。

キーマン情報の事前収集

BDR施策では、基本的に未接点企業にアプローチしていくため、事前準備としてキーマンの事前情報が重要です。

　加えて、既存のハウスリードやイベントやカンファレンスで獲得したリード情報を基にアプローチリストを作成し、担当者情報を明確にしていきます。

　アプローチ企業の担当者情報がわからない場合は、プレスリリースやSNS、ウェブ情報をクローリングして担当者情報を入手します。

　スクリプト戦略は、導入推進者、意思決定者などのDMU（意思決定関与者）構成を把握する必要があります。

　また、商談獲得までの導線設計としては、リスト精査をしてキーマン情報の事前収集をして、架電して日時を打診し、ヒアリングして商談確定という流れになります。

　実際、私たちDORIRUが推進しているスクリプト戦略は2パターンあり、1つが正面戦略、2つめが側面戦略です。

　戦略を複数ある理由は、お客さまの検討フェーズやニーズに応じて複数のスクリプトが必要だからです。

正面戦略

　基本的には、まず正面戦略で進めていくことが多いです。理由としては、正面突破のアプローチをすることで、コンタクト後の変数をある程度把握できるからです。そして、正面戦略によってキーマンからNGの理由を収集できれば、どんな改善施策を準備するべきかもわかります。

　正面戦略の流れを説明していきます。
　まず、キーマンに接触したら、架電目的と対象企業を提示します。

「〇〇のような企業さまに対して、ご連絡しております」

　その後、案内するサービスの概要を二言ほどで説明し、機能面をいくつか訴求したら、すぐ二者択一でアポ日時を打診します。

「来週の月曜日、火曜日どちらがよろしいですか？」
「来週火曜日午後の14時、15時のどちらがよろしいですか？」

　OKをもらったら簡易的なヒアリングを行います。

　正面突破は、ターゲット企業が明確で、お客さまとの接点を

積極的に作ることを目的としたスクリプト設計、構成になっています。そのため、基本的にキーマンに到達してから3分以内に日時打診をすることがポイントです。

　アウトバウンドのアプローチなので、エレベーターピッチのような感覚でスラスラとコンテンツを伝えてスムーズに進める必要があります。

側面戦略

　側面戦略は、キーマン到達後に、目的と対象先の提示をするところまでは正面突破と同様です。

　「〇〇のような業界の企業さまに対して、ご連絡しております」。

　次に、アプローチ先の同業他社の課題の仮説をいくつか投げかけ、その課題に対するヒアリングをクローズドで行います。解決策を提示した後に日時打診をして、簡易ヒアリングをするという流れです。

　一度、同業他社の仮説をぶつけた後に、ヒアリングをして解決策を提示するアプローチするため、正面突破よりひとつ工程

が増えます。キーマン到達から5〜7分ぐらいで日時打診をする点がポイントです。

　また、正面・側面突破に加えて、ABM（アカウント・ベースド・マーケティング）戦略を基にして、顧客が感じているペインに関する「業界別訴求トーク」を用意する必要があります。

　業界別訴求トークは、その業界で受注済みの企業のケースを基に、お客様感じる悩みや導入経緯などからスクリプト化していきます。
　そして、顧客の潜在ニーズを深掘りしていきながら、「私たちのサービスが、課題をどう解決するのか」を説明し、緊急度をあおって商談へと誘導していきます。

　私たちは、潜在から準顕在層の企業には、正面戦略と業界別訴求トークをセットで活用して商談の機会をもっていただくような流れにしています。
　顕在層でニーズが明確な場合は、側面戦略と業界別訴求トークを活用し、商談機会の獲得をしていきます。

商談化の定義を決める

商談化の定義を3段階設定し、それぞれの顧客の
フェーズに合ったフォローを行っていきましょう。

言語化して確認する

BDRを進めていくときは、あらかじめチーム全体で顧客の
状態と商談化数の定義を決めて、言語化することをお勧めし

ています。

　なぜなら、潜在層へのリーチを目的としているBDRで獲得する商談化の定義を、SDRと同じ定義にしてしまうと、商談機会さえ頂けずに商談数が伸びないからです。

　提案機会すらないと、BDR施策の継続可否が問われてしまうので、まずはBDR経由でトスアップされる商談化の定義を決めていくことが重要です。

　私たちDORIRUでは、商談化の定義を3段階で設定しています。

> CV1…比較検討フェーズ顧客
> CV2…調査収集フェーズ顧客
> CV3…潜在ニーズ発生前後の顧客

　CV1が最も確度が高く、CV3は確度が低いです。
　確度の低いCV3から説明していきます。

CV3（潜在ニーズ発生前後の顧客）

CV3の顧客の状態は、能動的な動きはないですが、自社の見込み顧客条件とは合致していますが、そこまで質の高いリードではありません。

活動イメージとしては、初回商談後にリードナーチャリングをして、継続的に情報提供を行っていきます。

CV2（調査収集フェーズ顧客）

CV2の顧客の状態は、サービスの導入検討に関するトピックや情報を、積極的に情報収集していたり、興味関心を寄せていたりします。

活動イメージとしては、初回商談で関係構築を築いた後、インサイドセールスで継続的に営業活動をかけて提案機会の創出に取り組んでいきます。

CV1（比較検討フェーズ顧客）

　CV1の顧客の状態は、導入に直結する課題が存在していてニーズがある、もしくは導入時期が会社全体として準顕在化している状態です。

　活動イメージとしては、初回商談で案件の見極めをフィールドセールスが行い、詳細な要件をヒアリングしてプランニングに落とし込み、提案活動を実行していきます。

　従来のSDRで商談化と呼ばれるのは、CV1のフェーズのみですが、潜在層の顧客にもアプローチしていくBDR施策においては、商談化の定義を広げておく必要があります。

　具体的には、これら3段階の定義のうち、どのCVポイントまでを商談化にするかを決めていきます。

　お勧めしているのは、CV3の潜在ニーズ発生前後顧客も含めた商談化まで定義して、施策を進めていくことですが、実際は企業によって異なります。

商談化の定義を決めるときの注意点

　BDRの場合、SDRに比べて商談化の定義を広げることが多いので、商談数が増えます。すると、マーケティングとインサイドセールスの対応工数も増えることになるので、そういったことも加味した上で、商談化の定義決めをしていく必要があります。

　実は、BtoBの営業プロセスの中で、初回商談後に顧客を放置してしまう企業は非常に多いです。中には、リードナーチャリングやMA運用でカバーしているケースもあるのですが、対応できているケースは非常に少ないです。

　そして、放置してしまった見込み顧客の8割ぐらいが、2年以内に競合サービスに取られてしまうというデータもあります。(https://xtech.nikkei.com/it/atcl/column/14/470532/031600021/)

　そのため、直近では導入見込みはなかったとしても、その見極めをフィールドセールスの判断に任せてしまって、その後のフォローができないと顧客を取りこぼしてしまう可能性もあります。

　とはいえ、検討ステージ前半の顧客は能動的なアクションがないため、検討タイミングを見極めるには、継続的なコミュニケーションの仕組みが必要です。

　これをMA（マーケティング・オートメーション）ツールを

使って実行したり、人の手を介して適切なタイミングでフォロー
アプローチを行って、ナーチャリングしたりすることも検討し
ていく必要があります。

第 4 章

BDRの運用と
改善

DMU構成を意識した
BDRのアプローチ戦略

BDRは経営層だけでなく、複数の意思決定者にアプローチを行う戦略です。アプローチするレイヤーへの訴求トークやコンテンツを出し分けてアプローチします。

意思決定者を見定め、接点をつくる

　BDRは、経営層に手紙を送付してコールアプローチする手段だと考えている企業が多い印象があります。しかし、BDRは経

営層だけではなく、DMU構成を意識した複数の意思決定者にアプローチ戦略を行うことが特徴です。

　意思決定に関わるのは経営層だけではなく。現場担当、影響者、導入推進者など複数いるのが一般的です。6部署4役員へのアプローチを提唱している企業もあります。

　BDRを進めていくときには、それぞれの意思決定者がどんなニーズをもち、どのフェーズで誰に訴求するべきかを把握していきます。

　まず、商談の担当者などの現場に近い推進者にリーチして、接点をつくるところから始まります。

　例えば、私たちがBDR施策を進めていく場合なら、まずはマーケティング組織の部長レイヤーから順にアプローチしていき、次に経営企画、インサイドセールスのマネジャー、カスタマーサクセス、フィールドセールスといった形で、複数部署・複数キーマンに対してアプローチしています。

ボトムアップからのアプローチもあり

　そして、各部署やレイヤーに対する訴求トーク、影響するコンテンツを出し分けながらアプローチしています。

トップダウンのアプローチはそもそも接点をつくるのが難し
いですし、現場担当者が課題を感じて、ボトムアップで要望を
上げると、最終的に導入に至るケースも多いからです。

　トップダウンだけではなく、ボトムアップでもアプローチを
していき、まずは接点をつくることを重視しています。

第
4
章

BDRの運用と改善

商談創出までの
具体的なプロセス

アプローチする顧客の状態や、どう商談化させる
かによってプロセスは異なります。プロセスに
よっては、有効商談から受注に近い案件の創出が
できます。

商談を有効にするプロセス

　前提として、アプローチする顧客が、潜在層・準顕在層・顕
在層・明確層のどれなのか。そして、どんな状態で商談化につ

なげたいのかによって、商談創出までの具体的なプロセスは違います。

　BDRは、基本的に潜在層への商談創出が大半なので、受注までのリードタイムが長期化する傾向にあると前述しました。ただし、以下のようなプロセスを行うことで、有効商談から受注に近い案件の創出が可能です。

- ・アプローチ前のターゲット戦略
- ・潜在顧客向けのホワイトペーパーや
  動画などのコンテンツ整備
- ・対象部署と対象キーマン特定
- ・事前リサーチ
- ・商談化の見極め

商談化については、企業によって条件を広げたり絞ったりと要望はさまざまですが、BDRで達成したい目的に応じて、商談の創出を図ることが望ましいです。

　また、以下のようなプル型のインバウンド施策の状況を事前に細かく共有してから、BDRの商談創出までの具体的なプロセスを考えていくといいでしょう。

- ・獲得チャネル数
- ・各チャネルの流入件数、商談化率、
　有効商談化率、受注率
- ・SDRチームのインサイドセールスと
　フィールドセールスの人数や体制、
　リソース状況

3つのケーススタディ

次に具体的なケースを例に出して、商談創出までのプロセスを説明していきます。

ケース 1 | リード数や商談数が不足していて、ペイド経由のチャネルが少ない

この場合は商談化の条件を緩和し、KPIを商談創出数にすることを推奨しています。商談化の定義はCV1～3すべてを含めることが望ましいです。

こうしたケースの特徴として、商談化までのリードタイムは短く、商談化から受注までのリードタイムが長期化しやすいことです。

基本的なチャネルはコールに限定し、対象企業とのアプローチを前提に、架電数やコンタクト率、コンタクトアポ率、最終的な商談創出数などプロセス変数を追っていきます。

商談創出までの具体的なプロセスは以下の通りです。

・ICP、DMU 構成を基にターゲット戦略を
　立てる

・アプローチリスト、ホワイトリストを抽出

・ホワイトリストに対するトークと
　コンテンツの整備

・架電アプローチ前の事前リサーチ
　（アプローチする部署や担当者情報の特定）

・架電

・商談創出

ケース 2 | リード数や商談数は充足しているが、有効商談化数が不足しているケース

　この場合は、商談化の条件をCV1番もしくはCV2番に限定して絞り込み、商談数ではなく受注につながりやすい有効商談件数をKPIとするのが望ましいです。

　状況として、プル型のペイド経由のチャネルが多いと想定されるので、商談化までのリードタイムは長期化しますが、商談化から受注までのリードタイムは短い傾向があります。

　アプローチ方法としては、SNSや展示会、手紙などを事前施策とし、追加でコール、メール、フォームでアプローチしていきます。

　チャネルをコールに限定せず、さまざまな施策を活用して接点を多くつくり、顧客の検討フェーズや状況に合わせて、最適なタイミングで商談の創出を図りましょう。

商談創出までの具体的なプロセスは以下の通りです。

・ICP、DMU 構成を基にターゲット戦略を
　立てる

・アプローチリスト、ホワイトリストを抽出

・ホワイトリストに対するトークと
　コンテンツの整備

・中間 CV ポイントの導線設計（クローズドの
　イベントやウェビナーなど）

・架電アプローチ前の事前リサーチ
　（アプローチする部署や担当者情報の特定）

・手紙や SNS での事前アプローチ

・架電

・オフラインでの接点をつくる

・架電

・商談化の選別

・商談創出

上記のように、ケース１のプロセスに加えて、太字になっている工程が加わり、プロセスが長くなります。

　ケース２の場合は、１社に対するアプローチが１回ではなく、複数部署、複数キーマンにアプローチします。
　コールだけでキーマンになかなか到達しない場合は、手紙やSNS、オフラインの施策を経由してまず接点をつくります。その後に架電して商談化の選別をして商談の創出をする流れです。

　では、商談化率を引き上げるためには、どのような中間CVポイントを設計したらよいのでしょうか。

商談化率を引き上げるための
中間CVポイント設計

中間CVポイントの例としては、簡易的な資料送付、ウェビナーやクローズドイベントへの誘致、上位層のオプトイン獲得などがあります。

中間CVポイント設計の具体例

　中間CVポイントの設計の例を3つ紹介します。次のページをご覧ください。

1. 架電の後に簡易的な資料送付を行い、
   再度架電して商談を打診

2. ウェビナーやクローズドイベントに
   誘致し、個人情報を獲得。
   参加後に再度架電して商談を打診

3. 意思決定者に近い上位層の
   オプトイン獲得

　架電前に送付する資料は、サービス概要資料や事例紹介など
の簡易的な資料です。
　自社主催のウェビナーやクローズドイベントに招待する場合
は参加後に再度架電して、見極めます。

　オプトイン獲得とは、意思決定者に近い本部長や部長クラス
にアプローチするときに、個人情報や課題などをヒアリングし
た上で、その企業の課題に合ったホワイトペーパーを送付する
許可を得ることです。ホワイトペーパー送付後に再度架電して

商談化を判断します。

　意思決定レイヤーに近い上位層にアプローチする際は、コンタクト率が通常より低下するため、アプローチ前のトーク設計も重視する必要があります。

　具体的には、業界別訴求トークの整備を行い、キーマンにしっかり刺さるコンテンツをトークに盛り込み、先方の課題に合わせた商談化を図っていきます。

検討フェーズに合わせて対応する

　上記のうち、どの施策が商談化に有効なのかは企業のフェーズによって異なります。

　ウェビナー参加は参加後の架電からの商談化率が高い傾向があり、検討フェーズに合わせたコンテンツ設計ができたホワイトペーパーがあれば、スムーズに商談までつながりやすいです。

　すべての施策を行い、中間CVとして用意しても問題ありません。現時点でホワイトペーパーがない企業は、ウェビナーを中間CVとするなど柔軟に対応していきましょう。

　すでに自社ウェビナーを多く開催していて、ホワイトペーパー

の種類も豊富な場合は、そういった資産をフル活用して、BDR
に取り組めます。

BDRにおける
CAC高騰に対する考え方と
対策

第
4
章

前提として、BDRはCACが高騰しやすいです。高騰への対策としては、単価アップ、解約率を下げて契約期間を延ばすなどの方法があります。

CACは維持するだけでも難しい

BDRは潜在層にアプローチするために、商談化までが長期化しやすく、ほかの獲得チャネルよりもCACが高騰する傾向にあ

りaddoc。CAC高騰に対する考え方と対策をお伝えします。

　実は、CACは維持するだけでも難しいことを、発注企業の意思決定者や推進リーダーが理解されていないケースが多いです。

　なぜ、難しいかというとサービスローンチ直後は、CACがゼロに近いような形で推移していくことが多いからです。例えば、インフルエンサーやアーリーアダプターなどの情報収集に積極的な層からの流入があったり、代表とか経営陣からの紹介チャネルとかで案件が入ってきたりします。

　しかし、プロダクトの成長ステージが進むと、そういった顧客層だけでは売上げ向上が見込めないために、だんだん獲得チャネルを増やしていくことになります。そのため、CACは悪化していくのです。

　また、BtoBかつSaaSの成長企業については、「CACは一定以下には下がらない」と言われていて、許容CACはLTVの3分の1ほどと言われています。

　（LTVは、SaaSやサブスク型の場合は、平均の顧客単価になるので、月の平均顧客単価×収益率・粗利率×購買頻度×継続期間で算出します）

　CACは維持するだけでも難易度が高いので、CACを下げるための施策を考えるよりは、1社当たりのLTVをいかに引き上げてCACの予算を確保するかが重要です。

BDRにおけるCAC高騰に対する考え方

　ザ・モデル型の組織を取り入れている企業が「うちもBDRを取り入れよう」と考えることが多いのですが、前提としてBDRのCACは高騰しやすいと知っていただく必要があります。

　CACが高騰する理由は、ターゲットとする中堅規模以上の企業のキーマンへのアプローチ難易度がそもそも高く、商談創出までのリードタイムが中長期化するからです。

　この前提が抜けていると、BDRを始めても想定CACより高いことから、施策をやめざるを得ないこともあります。

　このように、BDRはCACが高いため、LTVの低い買い切り型や単価の低いサブスク型のプロダクトの施策としてはマッチしません。

　逆に、サブスク型でアプローチ対象企業が中堅規模以上で、LTVの高いプロダクトにマッチすると言えます。

CAC高騰への対策

一般的に、CAC（新規顧客獲得にかかるコスト）は、既存顧客を維持するコストの5倍以上かかると言われています。そのため、受注したお客様にはサービスを継続利用してもらうことで、CACを回収する必要があります。

つまり、解約率を抑制して継続率を伸ばし、LTVを向上することが重要です。

具体的には、以下2つの対策があります。

1. 単価アップ
2. 解約率を下げて継続期間を延ばす

1 単価アップ

　単価をアップするには、アップセルとクロスセルが必要です。

　アップセルは、既存のお客様により上位のプランに移行してもらい、単価をアップします。

　クロスセルは、既存顧客向けに追加機能を開発し、単価を上げます。

2 解約率を下げて継続期間を延ばす

　継続期間を延ばすためには、カスタマーサクセスチームを強化し、サポート体制を整えることです。導入後のオンボーディングについては、オンボーディング期間やコンテンツを見直すことで早期解約を防ぎます。

BDRの運用と改善

BDRで獲得した商談が
案件化しない場合の対策

BDRに取り組んでいくと、商談が案件化しないという課題を抱えることが多いです。課題に対する5つの対策を解説します。

商談が案件化しないときの5つの対策

BDRに取り組んでいる企業は、「獲得した商談が、なかなか案件化しない」という課題を抱えることが多いです。

そんな場合の対策は5つあります。

1. 商談化の定義を絞り込む
2. BDR専用の営業スタイルの
   構築・専任人材の育成
3. 商談化までの導線設計を見直す。
4. 商談化から受注までの導線設計を見直す
5. 検討フェーズを引き上げる
   コンテンツ整備

1 商談化の定義を絞り込む

　先ほど解説したようにCV1、CV2、CV3とCVポイントを置く
のが、BDRの代表的な定義です。CV3の潜在ニーズ発生前後の
顧客も商談化の定義に盛り込んでいるために、案件化はしにくく
なります。そのため、商談化の定義を絞ると案件化率は上がります。

ただし、BDRは検討ステージ前半の潜在層に対してリーチする施策なので、商談化の定義を絞りすぎると、BDRのメリットを得られなくなってしまいます。

　そのため、顕在層に近い質の高い商談は、SDRで刈り取っていただくことをお勧めします。

2　BDR専用の営業スタイルの構築・専任人材の育成

　BDRは検討ステージ前半の未接点顧客や潜在顧客にアプローチするため、ニーズを掘り起こすための仮説提案や深掘り、親和性の高い事例の訴求などで隠れたニーズを発掘するプロセスが必要です。

　SDRとは営業スタイルや商談設計、提案内容が異なるため、BDR専用の営業スタイルを構築したり、BDR専任人材の育成を強化したりすることが案件化率の向上につながります。

3　商談化までの導線設計を見直す

　案件化しない原因は、検討フェーズや確度が引き上がっていない状態で商談しているからです。そのため、商談化までのプロセスを再設計することも重要です。

具体的には、検討フェーズに合わせたコンテンツを作り、コールで潜在的なニーズをヒアリングして、状況に合った情報提供をします。

その後、コールやメールでコミュニケーションを図りながら、顧客を選別して商談化するかどうかの判断をしていきます。商談化しない場合は、ナーチャリングをしていきます。

4 商談化から受注までの導線設計を見直す

商談化から受注までの導線設計を見直します。

初回商談を実施後に、積極的な購買意欲が見られなかった顧客に対しては、フォローをやめてしまう企業は非常に多いです。

先ほどお話ししたように、初回商談後にフォローをやめてしまったリードの8割は、2年以内に競合企業から製品を導入すると言われています。

BDRは商談化から受注までの期間が長いため、いくつかタッチポイントを用意することをお勧めします。例えば、ハウスリード向けのクローズドイベント、自社主催のウェビナーなどの接点を創出するなど、最適なタイミングで次回商談につなげられる施策や設計を準備しましょう。

5 検討フェーズを引き上げるコンテンツ整備

　サービスを導入したい顕在顧客向けの営業資料を用意している企業は多いですが、ニーズが高くない顧客向けのコンテンツを用意している企業は非常に少ないです。

　ニーズが発生する前のお客さまの課題やニーズを発掘するためのホワイトペーパー、検討フェーズを引き上げるような情報や導入事例、活用方法などを作成し、アプローチの材料として活用しましょう。

商談化率を引き上げるための施策

商談化率を引き上げるには、商談獲得時のBANT
条件を絞る、初回商談までのリードタイムを設定
するなどの方法があります。

商談化率を引き上げるための２つの施策

　商談化率を引き上げるための施策を２つ紹介します。次のペー
ジをご覧ください。

1. 商談獲得時のBANT条件を絞る

2. 商談打診から初回商談までの
   リードタイムを設定

1 | 商談獲得時のBANT条件を絞る

商談獲得時のBANT条件を絞る方法です。BANTとはBudget（予算）、Authority（決裁権）、Needs（必要性）、Timeframe（導入時期）を指します。

架電段階のヒアリングで聞いたBANT条件のうち、80%を満たしたものを商談化するなどと定義する方法があります。

BDRの場合は潜在層のお客様が多いため、ただヒアリングをしただけでは、BANT条件を満たすことはできません。BANT条件の精度を引き上げるために、第三者話法や業界別訴求トークなどで、ニーズを作っていく必要があります。

「予算がない」という回答を引き出すのではなくて、予算を出していただくための質問や提案を盛り込んでいきます。

2 商談打診から初回商談までのリードタイムを設定

商談打診から初回商談までのリードタイムを設定します。期間が空いてしまうとその間に熱が冷めてしまうので、5営業日以内などのリードタイムを決めて商談を設定します。

また、BDR経由で商談を創出した後、フィールドセールスにトスアップした後の商談のナレッジを整備しておくことも非常に重要です。

商談トスアップ以降の
フィールドセールス

フィールドセールスの商談準備時間や仮説の設定数を切り分け、ナーチャリング施策の精度を上げていきましょう。

商談ナレッジの整備

　フィールドセールスの商談ナレッジを整える上で、まずは1社の商談準備にかける時間や仮説の設定数などを、SDRとBDR

の場合で切り分けましょう。

そして、当日の商談アジェンダを設定し、商談シナリオを準備します。

BDRの場合、初回商談で受注するケースはほぼないため、例えば商談シナリオとして、受注まで5回を想定したら、1～4回目の商談シナリオを具体的に考えていきます。

また、BDRの場合は断られることが多いため、断る理由のうち多い順に応酬話法やトークスクリプトを用意しておくと商談フェーズが上がっていきます。

さらに、商談先企業の検討フェーズに合わせた事例コンテンツの用意も重要です。

導入事例などの情報は商談企業のフェーズに合わせて用意しておきましょう。

ナーチャリング施策の精度を上げる

「ナーチャリングはMAツールでメールを送っておけばいい」と考えている企業が非常に多いです。しかし、Salesforce社が提唱している商談の確度、検討フェーズの段階などを基に、案件フェーズごとの具体的なナーチャリング施策を考えておくことが重要です。

最後に、商談トスアップ以降に失注した場合の対応方法や、ナーチャリング施策、トークスクリプトの準備もしておきましょう。

第5章

BDR戦略支援と
『DORIRU cloud』

BDR は内製するべきか、外注するべきか

BDRに着手しようと考えたとき、内製か外注か悩むことがあるでしょう。内製の前提条件について解説します。

BDRを内製するときの前提条件

　BDRに取り組むと決めたときに、内製化するべきか外注するべきかで悩む企業は多いと思います。この章では、内製化の前

提条件や外注するときのポイントについてお伝えします。

　BDRを内製するときの前提条件として、以下の３つがあります。

1.　インサイドセールスの経験者がいる
2.　分業体制の構築ができているか
3.　セールステックツールの選定と導入

---

1 インサイドセールスの経験者がいる

　BDRでアプローチする顧客は潜在層が中心であるため、インサイドセールスが適切なタイミングでアプローチする必要があります。そのため、インサイドセールスがいることが前提条件です。

　もし、社内に経験者が不在なら外部から採用する必要がありますが、採用難易度は高く、採用後の教育も必要です。

インサイドセールスの業務範囲は幅広いもの。ターゲットの設定やコンテンツ生成、架電対応、ハウスリードの掘り起こし、商談化の見極めをするかしないかの選別作業。他部門との関わりが多く、積極的な情報共有も必要です。

こうした能力のあるメンバーを採用したり、教育したりすることはすぐにできるものではありません。

また、インサイドセールスパーソンがいる場合でも、活動レベルが重要になってきます。

BDR領域で活躍できるのは、検討フェーズが高くないリード対応や、ハウスリードからの掘り起こし、失注商談のリサイクルなどから顧客と関係性を構築し、情報提供をしながら、適切なタイミングで商談化できるインサイドセールスです。

さらに、商談化以降の有効商談化率も加味した状態で、商談化できる稼働できる方なら、BDRにおいても即戦力として活動できます。

一方、自社サイトから流入する確度が高い顕在層のリードや問い合わせに対応して、アポを取るインサイドセールス経験があったとしても、BDR領域で即戦力として活動できるとは限りません。

2 | 分業体制の構築ができているか

BDRは初回接点から受注までのリードタイムが長期化します。そのため、1名のセールスが商談創出からクロージングまで行うことは、工数的にも難易度的にも現実的ではありません。

そのため、新規リード獲得の件数を追うマーケティングチーム、リードからの商談化、有効商談化を追うインサイドセールス、商談化から受注までを追うフィールドセールス、受注後の解約率改善や単価向上に向けたアップセル・クロスセルを行うカスタマーサクセスと、分業体制がしっかり構築されていることが前提条件になります。

3 | セールステックツールの選定と導入

リソースとノウハウがあればBDRは内製で成功するわけではなく、セールステックツールの選定と導入をする必要があります。

ターゲティングやリサーチ業務で必要となるリサーチツール、コール時の音声ログを収集するコールシステム、リードや案件管理を行うSFAやCRMなども必要です。

そして、潜在層に対する継続的なナーチャリング活動を行うときに必要となるMAツール、商談時のログを収集してフィードバックするオンライン商談ツール。

このように、それぞれの工程に合わせた専門のツールの選定と導入・活用が必要になります。

　こうしたセールス各工程のオペレーション設計、社内向けマニュアルの整理をしたのち、ようやく内製でBDRを進めることができます。

　最初から内製でBDRを始める企業もあるかもしれませんが、専門領域ごとに外部企業を活用して、ノウハウを吸収して徐々に内製化していく企業が多いという印象です。

BDRの商談創出部分を
アウトソースするメリット

BDRを外注するメリットは、インサイドセールスのリソース不足を解消し、ノウハウの横展開ができ、ナーチャリングや提案スタイルが向上することです。

BDRをアウトソースする3つのメリット

BDRをアウトソースするメリットは3つあります。次のページをご覧ください。

1. インサイドセールスのリソース不足の
   解消
2. ノウハウの横展開
3. 検討フェーズ引き上げを目的とした
   ナーチャリング・提案スタイルの向上

　BDRを進めていくと、インサイドセールスは従来のSDRへの
対応に加えて、BDRに対応する必要があります。

　このうちインサイドセールスの業務内容として優先順位が高
いのは、オーガニックや各種ペイド、イベント、カンファレンス、
自社ウェビナーからの流入リードへの即時対応です。

　次に、ハウスリードの掘り起こしや個別ナーチャリングに対
応していきますが、こちらはリードへのヒアリングを型どおり
に行うわけではなく、よりスキルが必要となる業務です。

　そのため、それぞれの業務に必要なスキルに応じて、インサ
イドセールスチーム内で対応業務を振り分ける必要があります。

すべての業務領域を担当できる質の高いメンバーは決して多くはありません。

　そんなときに、専門的なアウトソーサーにリソース不足の領域や不得意な領域を依頼できれば、時間価値を最大化できます。

　また、アウトソーサーのノウハウを吸収して、社内メンバーに横展開することもできます。

　具体的には、対応の優先度が高いオーガニック流入や比較サイト・媒体などからのペイド施策からの流入リードは、内製のインサイドセールスが対応し、他の獲得チャネルでリード対応はアウトソーサーに任せるという方法です。すると、リード獲得チャネルを減らさずに、一定のリードへの対応ができます。

　また、社内でインサイドセールス経験者が不足していて、未経験メンバーに向けた教育や育成の仕組みが整っていない場合もあるでしょう。

　そんなときは、まず各種獲得チャネル経由のリード流入対応をすべてアウトソーサーに依頼するという選択肢もあります。まずは細かいナレッジをアウトソーサーに蓄積してもらい、ノウハウを徐々に内製インサイドセールスにインストールしていき、段階を追って内製化を図っていきます。

獲得チャネルの多様化と潜在的なリードの流入

　私が担当した上場企業の例では、リードの流入件数や商談数を減らしたくないので、獲得チャネル自体を減らしたくないと担当者は考えていました。しかし、内製のインサイドセールスが不足していて、自社のオーガニック流入と顧客紹介を優先的に対応していたために、他の獲得チャネルに対応できていない状況でした。

　人材採用を進めたいとのことでしたが、採用したあとのオンボーディングを考えると3ヶ月ほどかかりますし、その間のリード対応が滞ることは避けたい。そんなときに、私たちがアウトソーサーとして入り、リソース不足の対応をさせていただきました。

　別のアウトソーサーの活用方法としては、商談化率の難易度が高いチャネルの対応を任せるという方法もあります。

　最近は獲得チャネルが多様化しているので、商談化の難しい潜在的なリードが流入してくるチャネルもあります。その対応を自社のインサイドセールスがする場合、それまでオーガニック経由などの顕在層にしか対応してないため、最適な訴求トークがすぐにはできず、商談化しにくい傾向があります。

　難易度の高い獲得チャネルのみをアウトソーサーに依頼し、蓄積したノウハウを自社にレクチャーしてもらうことも可能です。

こうした難易度の高いチャネルの一例として、FacebookやTwitterなどのSNS広告があります。こうしたチャネルで、CVポイントを潜在層向けのホワイトペーパーのダウンロードに設定していたりすると、見込み度合いの低いお客さまが流入してきます。そういったお客さまに対して、内製のインサイドセールスが架電して商談化するのは難易度が高いです。

　そのほかに、比較サイトや一括資料請求のダウンロードなどの流入の場合も、お客様は幅広く情報収集しています。そのときに、インサイドセールスから電話があっても「まだ話を聞くタイミングじゃないです」と断られてしまうことが多いのです。
　こうしたチャネルの対応は、スキルや経験のあるインサイドセールスに任せて、さまざまな切り返しの対応をして、優先度を上げて商談化の打診をするのが望ましいです。

　では、外部の企業を活用してBDRを進める場合は、どのような点に注意したらいいのでしょうか。

BDRを外注するときの3つのポイント

BDRを外注するときのポイントは、以下の3つがあります。

> 1. BDRの活用目的と依頼背景の共有
> 2. 依頼する業務領域の特定
> 3. 外部企業への期待値の設定

1 | BDRの活用目的と依頼背景の共有

　BDRはプロセスが非常に長いので、事前のリサーチ業務や準備が複雑です。

　多くの商談を獲得するには、BDRの活用目的と依頼背景を外部企業にしっかりと共有することが重要です。

　また、SaaSプロダクトの場合、受注時の単価や受注数も重要

な指標ではありますが、継続利用が最も重要です。

　商談時と受注時の期待値の調整ができていなかったり、サービス導入後の実態と乖離していたりすることによって解約に至ったりしてしまうと、本末？倒です。

　内製する場合なら、顧客と初回接点を持つ自社のインサイドセールスが、ある程度期待値コントロールはできますが、外注の場合顧客との初回接点は外注先のメンバーになります。

　そのため、外注先と「期待値をそこまで引き上げずに、自社サービスにどう興味関心を持ってもらうにはどう案内するのが適切なのか」という期待値調整しておくことが重要です。

2 | 依頼する業務領域の特定

　外注で依頼する業務領域の特定も、重要なポイントです。

　商談創出からクロージングまで一気通貫で依頼するのか、商談対応からクロージング部分までなのか、商談創出までなのか。

　自社の事業フェーズや状況に応じて、最も課題となっている業務領域に絞って、期間を設定して依頼するといいでしょう。

　そして、依頼業務の細かな情報や運用ルールなども共有しておきましょう。次のページをご覧ください。

- ・ターゲット戦略の有無
- ・ターゲット企業の母数
- ・ターゲット属性に対する
  自社の基本顧客の事例
- ・商談化の定義

3 | 外部企業への期待値の設定

　BDR施策を進めると、潜在層の顧客が多いため、商談数自体は増えますが質はある程度低下します。

　こうした状況を理解せずに、質の高い商談の獲得をKPIにしてしまうと、アウトソーサーがうまく稼働できず、プロジェクトが失敗に終わってしまいます。したがって、適切な期待値を設定することが重要になります。

　また、月間のマーケティングコストや、潜在から準顕在、顕

在層それぞれに対する各施策のリード流入件数・商談化数・有効商談などの受注に至るまでの変数を共有しておくといいでしょう。

　そうすると、商談1件当たりの獲得コストのCPAやCACが共有でき、「この金額までに抑えてほしいです」といった情報も入ってきやすくなります。

未接点企業向けの
BDR 構築支援ツール
『DORIRU cloud』

『DORIRU cloud』の支援内容は、BDR施策の事前準備、アウトバウンド型のインサイドセールス、施策ごとのプロセス変数の分析、打ち手の策定です。

BDR構築支援 『DORIRU cloud』 とは

　ここで、私たちが提供している『DORIRU cloud』について紹介します。

DORIRU cloudは私たちが独自開発したBDRにおけるダッシュボード管理ができるクラウドツールです。

　このクラウドツールは、中堅から大手の未接点企業のターゲティングや、新規商談創出を促進するBDRの構築を支援します。

　利用いただいているお客さまは、非連続な事業成長を求めているIPO前後のSaaS企業さまが多いです。プルではなくてプッシュ型の施策で潜在層へのリーチを図っていきたい、ターゲティングした企業や人物にピンポイントでアプローチしたい企業さまむけのサービスです。

　利用部署はマーケティング部が非常に多く、他には経営企画部門や新規事業部門の方にも利用いただいています。

　具体的な支援内容は、以下の3つです。次のページをご覧ください。

1. BDR施策に向けた事前準備

2. 未接点企業に対するアウトバウンド型の
   インサイドセールス

3. 施策ごとのプロセス変数の分析、
   打ち手の策定

1 BDR施策に向けた事前準備

　ターゲット戦略の立案や、ターゲットグループ対象母数からのホワイトリスト抽出の支援、BDRのコールで使う専用スクリプトの設計、中間CVの設計などを支援します。

2 | 未接点企業に対するアウトバウンド型の インサイドセールス

　未接点企業に対するアウトバウンド型のIS活動、インサイド活動ということで、コールだけではなくて、継続的なナーチャリング活動も実施させていただきます。そこから新規の商談ソースを生んでいくという形です。

3 | 施策ごとのプロセス変数の分析、打ち手の策定

　週次で定例ミーティングを実施し、施策ごとのプロセス変数の分析や打ち手の策定も支援しています。

　DORIRUの特徴は、競合他社のような人的リソース補填のための営業代行ではなく、従業員数100名以上の未接点顧客に対して、戦略的なアプローチで新規商談を創出できることです。

　架電一つに対してもリサーチ業務に時間をかけます。未接点企業へのアプローチは、ターゲティングした上でターゲットグループに分けて優先順位を決め、キーマンを特定してから最適なスクリプトでアプローチします。

　また、中間CVを置き、継続的なナーチャリング活動をした上で、最適なタイミングで商談をトスすることができるので、

BDRの活用目的に応じて動けます。

　BDRをDORIRUがしっかり構築してからノウハウを展開して内製化する、一部の業務を外注していただくことできるなど、柔軟に動ける部分も強みです。

　私たちDORIRUが提供している『DORIRU cloud』の料金プランや契約期間、支援内容、おすすめしたい企業について、以下、一覧表にまとめました。

準備費用	30万円
料金 プラン	・DORIRU Cloud プラン 月間160時間： 120万円/月（基本料金60万円＋OP60万円） 月間240時間： 180万円/月（基本料金60万円＋OP120万円） 月間320時間： 240万円/月（基本料金60万円＋OP180万円） ※月額費用とは別にマネジメントフィー10％が 　発生します。 ※オプション部分は60万円（月間80時間）毎 　に追加が可能です。
契約期間	6ヶ月毎の自動更新

支援内容	・BDR施策開始に向けた事前準備 （ターゲット戦略立案／ホワイトリスト抽出／ 専用スクリプト設計〜更新） ・未接点に対するアウトバウンド型インサイド セールス活動（コール・継続的なナーチャリ ング） ・各施策のプロセス変数分析と結果に対する打 ち手の策定
導入社数	200社以上
こんな 企業に おすすめ	・BDR部隊の新設、再編を予定されている企業 の方 ・ARRの非連続な成長を目指している企業の方 ・成長中SaaS企業の方

DORIRU株式会社資料

＊読者の皆さまへ

IPOを目指しているSaaS企業は、BDRの必要性を認識されていることと思います。そこで、本書にBDRを活用してエンタープライズ開拓を進める方法をまとめました。

私たちDORIRUは、BDRのナレッジを蓄積しており、要望に合わせた支援内容のアレンジも可能です。BDRに関する困りごとはお気軽にご相談ください。

https://doriru.co.jp

■ 著者紹介

小林 竜大 (こばやし・たつひろ)
DORIRU 株式会社 代表取締役社長

1990年、埼玉県吉川市生まれ。
BMW 正規ディーラー、投資用不動産の営業経験を積み、
2017年3月にギグセールス株式会社を創業。
累計200社以上の新規開拓・アウトバウンド営業と向き合い、
独自のBDR理論を構築。「短期間での営業組織構築」について
定評がある。
2023年1月、DORIRU に社名変更、現在に至る。

SaaS企業のための『BDR戦略』入門

2023年2月28日　第1刷発行

著　　者　小林　竜大

発　行　人　後尾　和男

発　行　所　株式会社玄文社

【本　社】〒108-0074　東京都港区高輪4-8-11
【事業所】〒162-0811　東京都新宿区水道町2-15　新灯ビル
　　　　　TEL　03-5206-4010　FAX　03-5206-4011
　　　　　http://www.genbun-sha.co.jp
　　　　　e-mail：info@genbun-sha.co.jp

ブックデザイン　有限会社ドゥプランニング
編集協力　久保佳那
印　刷　所　新灯印刷株式会社